Artistes | numéro 42

GEORGES SEURAT
ET LE POINTILLISME

— Le messie d'un art nouveau

par Thérèse Claeys

50MINUTES

Avec la collaboration de Stéphanie Reynders

GEORGES SEURAT

- **Naissance ?** Né le 2 décembre 1859 à Paris.
- **Mort ?** Décédé le 29 mars 1891 à Paris.
- **Contexte ?** La seconde moitié du XIXe siècle, marqué par l'émergence de la modernité suite à la Révolution industrielle, et par un renouvellement artistique qui voit se multiplier les courants, dont l'impressionnisme auquel Seurat donne une impulsion nouvelle.
- **Œuvres majeures ?**
  - *Une baignade, Asnières* (1883-1884)
  - *Un dimanche après-midi à l'île de la Grande Jatte* (1884-1885)
  - *Les Poseuses* (1886-1888)
  - *Port-en-Bessin, avant-port, marée haute* (1888)
  - *Le Chahut* (1890)
  - *Le Cirque* (1890-1891)

Georges Seurat est un peintre français mal connu du grand public. Pourtant, et en dépit de sa courte carrière, il joue un rôle considérable dans le renouveau de la peinture de son époque.

Dès la seconde moitié du XIXe siècle, l'Europe est en pleine effervescence. Les différentes révolutions politiques et industrielles ont donné naissance aux idées de liberté et de progrès, ouvrant ainsi la voie au libéralisme puis au capitalisme triomphant. Les villes s'agrandissent, s'électrifient et se mécanisent à grande vitesse, sans oublier le réseau des voiries et des chemins de fer qui se développe aussi considérablement. Sur le plan artistique, on constate une rupture avec les traditions du passé, tant au niveau de la création que du statut de l'artiste et de la réception des œuvres. Les artistes entendent désormais s'exprimer librement à travers leur art, sans devoir respecter une série de règles prescrites par des tiers. Aussi les courants se multiplient-ils à un rythme jamais égalé jusqu'alors. En somme, c'est une ère nouvelle qui s'annonce, celle de la modernité.

C'est dans ce contexte, au cœur d'un Paris en pleine mutation, que naît Georges Seurat. En mettant un terme à son cursus académique, ce jeune peintre rompt avec la tradition pour se tourner vers des moyens d'expression plus modernes tels que l'impressionnisme. Toutefois, il ne se contente pas d'adhérer simplement à ce mouvement, il entend le dépasser et lui donner un nouvel élan en se basant sur des principes scientifiques : il s'agit du néo-impressionnisme. Malheureusement, Seurat, emporté par la maladie à l'âge de 31 ans, voit son ambitieux destin se briser. Sa brève période de production n'en demeure pas moins intense et majeure pour l'histoire de l'art : les échos du courant qu'il a créé se répercuteront longuement sur les générations suivantes.

L'ESSOR DES VILLES

C'est dans la deuxième moitié du XIXe siècle que l'industrialisation et le capitalisme atteignent leur apogée. Il en résulte un développement économique sans précédent allant de pair avec la montée en puissance de la bourgeoisie, grande bénéficiaire des multiples évolutions. En outre, la France fait face à une augmentation démographique importante conduisant à un exode urbain. La population rurale fuit les campagnes, attirée par les opportunités nouvelles crées par le développement des industries.

Mais il ne s'agit pas là du seul atout des villes, qui se modernisent également en profondeur. Le Paris du Second Empire (1852-1870), suite aux travaux d'urbanisation menés par le baron Georges Eugène Haussmann (1809-1891), sous l'égide de Napoléon III (1808-1873), est considéré comme le prototype idéal de la grande ville moderne. Les petites ruelles sont remplacées par de larges boulevards avec trottoirs et les monuments sont parés d'une dentelle de fer typique de l'époque. Cependant, la redistribution de la population au sein de la capitale française est vivement critiquée : les classes ouvrières, autrefois établies dans le centre-ville, sont contraintes, vu la hausse des loyers, de s'établir dans la périphérie, en particulier dans des quartiers défavorisés.

Afin de rendre les villes modernes encore plus attractives, l'industrie du spectacle connaît un véritable essor qui entraîne le développement de la culture de masse. Là encore, c'est la capitale parisienne, avec ses nombreux bals populaires, cabarets, fêtes foraines, cirques, cafés-concerts et autres divertissements, qui occupe le devant de la scène.

LA NAISSANCE DU MARCHÉ DE L'ART

Sur le plan artistique, le pouvoir économique et politique croissant de la bourgeoisie lui permet désormais de s'intéresser aux œuvres d'art et d'en commander, alors qu'avant la Révolution française de 1789, les artistes dépendaient essentiellement de l'Église et de la noblesse. Parallèlement, de nouveaux lieux d'exposition voient le jour à côté des salons officiels. Ainsi, créé, 1863, le Salon des refusés permet, comme son nom l'indique, aux artistes refusés par le jury de l'Académie de présenter leurs œuvres au public et de se faire connaître. En outre, en 1874 a lieu la première exposition des impressionnistes – qui sera suivie de sept autres jusqu'en 1886 – et, à partir de 1880, des salons sont créés par des associations d'artistes. Un des plus célèbres d'entre eux est le Salon des indépendants dont la première exposition, à laquelle Seurat participe, remonte à 1884. Cette tendance s'exporte au-delà des frontières parisiennes et donne lieu, notamment, à la création du cercle des XX à Bruxelles en 1883. Celui-ci tire son nom du nombre de ses membres fondateurs et organise chaque année, durant dix ans, un contre Salon qui accueille des artistes très divers et devient une manifestation phare de l'avant-garde artistique européenne.

LE SALON

Le Salon, organisé dès les années 1650, est l'exposition officielle de l'Académie qui a lieu chaque année. Jusqu'à la deuxième moitié du XIXe siècle, il s'agit de l'unique occasion pour les artistes de présenter leurs œuvres au public. Mais, pour pouvoir y participer, ils doivent se soumettre au bon goût dominant, l'Antiquité constituant la référence absolue, et respecter une série de règles telles que la hiérarchie des genres – dont le sommet est occupé par la peinture d'histoire –, l'idéalisation des sujets ou encore la prédominance du dessin sur la couleur. Un refus du jury signifie pour l'artiste la condamnation au silence pour plusieurs mois, jusqu'au Salon suivant.

L'IMPRESSIONNISME
ET LE NÉO-IMPRESSIONNISME

Le terme « impressionnisme » voit le jour sous la plume du journaliste Louis Leroy (1812-1885), suite à une boutade au sujet du tableau de Claude Monet (1840-1926), *Impression, Soleil levant*, exposé en 1874 dans le studio du photographe Nadar (1820-1910). Il devient alors le nom officiel de l'un des mouvements picturaux majeurs de la fin du XIXe siècle. Celui-ci, représenté par des peintres tels que Camille Pissarro (1830-1903), Claude Monet ou encore Pierre-Auguste Renoir (1841-1919), se caractérise par le rejet de la tradition académique, à la fois de ses thèmes et de ses techniques.

Pour la première fois, les peintres impressionnistes s'intéressent au paysage urbain, à l'agitation populaire et même aux exclus de la société, évoquant dans leurs œuvres la quête de distraction et le repli sur la nature. S'éloignant de la représentation objective du réel et soucieux de transcrire leurs impressions sur leurs toiles, ils exécutent leurs tableaux en plein air, sur le motif, afin de mieux saisir les manifestations fugitives de l'atmosphère, notamment les effets lumineux. La lumière constitue en effet leur principal domaine de recherche. Quant à leur technique, révolutionnaire, elle consiste à fragmenter la touche en peignant des petites taches de couleur. Ce procédé, fugace et fragmentaire, annihile tout effet de profondeur, de contour et de volume. Le spectateur est donc contraint de prendre ses distances par rapport à l'œuvre observée afin que s'opère le mélange des couleurs dans son œil (mélange optique).

Au début des années 1880, face au déclin de l'impressionnisme, Georges Seurat cherche à lui donner un nouvel élan en créant le mouvement néo-impressionniste, un terme employé pour la première fois par le chroniqueur Félix Fénéon (1861-1944) en 1886 dans la revue *L'Art moderne*. Influencé par les théories positivistes d'Auguste Comte (1798-1857), qui considère que tout doit reposer sur l'expérience scientifique, il introduit la science dans le monde pictural afin de rationaliser les expériences instantanées, intuitives et subjectives des impressionnistes. Si les thèmes demeurent identiques, la technique – le chromo-luminarisme ou divisionnisme – diffère de celle de ses illustres prédécesseurs.

BIOGRAPHIE

UNE ENFANCE PRIVILÉGIÉE

Georges Seurat naît le 2 décembre 1859 à Paris. Le succès profession-nel de son père, Chrysostome-Antoine Seurat, en tant qu'huissier et spéculateur immobilier, garantit l'autonomie financière de la famille. Dès l'âge de sept ans, Seurat s'initie au dessin, encouragé par son oncle, Paul Haumonté, marchand de toiles et peintre amateur. À 16 ans, il quitte le collège pour s'inscrire dans une école municipale de dessin où il rencontre le peintre Edmond Aman-Jean (1858-1936). Se liant très rapidement d'amitié, ils poursuivent leurs études ensemble à l'Académie des beaux-arts à partir de 1878. Leur pro-fesseur, Henri Lehmann (1814-1882), est un ancien élève du peintre néoclassique Jean Auguste Dominique Ingres (1780-1867). Cependant, après un peu plus d'un an d'apprentissage dans l'atelier de Lehmann, les deux amis, las de son enseignement trop traditionnel, décident de leur plein gré d'abandonner leur cursus. Leur visite de la quatrième exposition des impressionnistes en 1879 n'est probablement pas étrangère à ce choix.

LE SAVIEZ-VOUS ?

On raconte que le père de Georges Seurat portait un bras mécanique à la suite d'un accident de chasse. À table, il y vissait couteaux et fourchettes. Ce rituel mécanisé a sans doute impressionné Seurat dans sa jeunesse, au point que certains pensent que cela a pu inspirer la rigidité des figures de ses toiles.

LA RUPTURE AVEC LA TRADITION

Seurat poursuit sa formation autodidacte par une fréquentation assidue des salles égyptiennes du Louvre et par la lecture d'ouvrages scientifiques tels que celui du chimiste Eugène Chevreul (1786-1889), *De la loi du contraste simultané des couleurs et de l'assortiment des objets coloriés* (1939), ou encore celui du critique d'art Charles Blanc (1813-1882), *La Grammaire des arts du dessin* (1857). La même année, il loue un atelier avec Aman-Jean, mais il est rapidement contraint de le quitter pour accomplir son service militaire à Brest. Durant son année de volontariat, vivant face à la mer, Seurat dessine beaucoup et développe un grand attrait pour les horizons étendus.

À son retour à Paris en novembre 1880, il se lance dans une production artistique intense concentrée sur le dessin tout en poursuivant également ses lectures scientifiques au sujet de l'optique : il découvre, entre autres, *Phénomène de la vision* (1880) de David Sutter (1811-1880) et le *Traité scientifique des couleurs et leur application à l'art et à l'industrie* (1881) d'Odgen Rood (1831-1902). Mais il étudie également les œuvres du peintre coloriste Eugène Delacroix (1798-1863) et fréquente l'atelier du symboliste Pierre Puvis de Chavannes (1824-1898).

DU DESSIN À LA PEINTURE

À partir de 1882, Seurat commence à exécuter ses premiers tableaux peints, produisant d'abord des esquisses à l'huile ou « croquetons » sur bois en plein air. C'est à cette époque qu'il met au point la technique du divisionnisme, qui synthétise l'ensemble des idées dégagées de ses lectures et de ses observations picturales. En 1883, il prépare son premier grand tableau, *Une baignade, Asnières*, qu'il présente au Salon de 1884. Refusé par le jury, Seurat adhère alors au Groupe des artistes indépendants, formé par plus de 400 jeunes artistes refusés. Cette société loue une baraque aux Tuileries et organise le premier Salon des artistes indépendants, lors duquel Seurat expose sa *Baignade*. Si, en raison de ses dimensions monumentales, cette œuvre est reléguée dans la buvette de l'exposition, elle ne manque toutefois pas d'attirer l'attention de plusieurs critiques, parmi lesquels Félix Fénéon, qui achète le tableau. Par la suite, ce dernier nouera avec Seurat une profonde amitié et le soutiendra ardemment tout au long de sa carrière, au point d'initier un catalogue raisonné de son œuvre.

Le Groupe des artistes indépendants s'érige ensuite en société régulière à laquelle Seurat participe activement. Il y tisse des liens d'amitié avec plusieurs peintres qui adhèrent au mouvement néo-impressionniste, parmi lesquels Paul Signac (1863-1935). En 1885, Seurat découvre la technique du pointillisme qu'il applique même à d'autres œuvres antérieures. La même année, le groupe néo-impressionniste connaît un nouvel essor grâce à la venue du peintre impressionniste Camille Pissarro. Ce dernier permet à Seurat d'exposer *Un dimanche après-midi à l'île de la Grande Jatte* à la huitième et dernière exposition des impressionnistes en 1886. Si le succès est absent, le scandale est quant à lui au rendez-vous. L'hiératisme des figures et l'entorse faite à la perspective classique en raison de la stricte planéité de la composition sont jugés comme autant de traits « primitifs », voire « archaïsants », par les contemporains de Seurat. L'affaire s'ébruite même jusqu'à Bruxelles, où Seurat est invité à exposer ses œuvres au Salon du cercle des XX la même année. Par la suite, il y exposera régulièrement.

UN DESTIN BRISÉ PAR LA MALADIE

Tandis que le groupe néo-impressionniste s'enrichit chaque jour de nouveaux adhérents, tant en France qu'en Belgique, Seurat prend une trajectoire plus personnelle et mène une existence de plus en plus reculée avec sa compagne, Madeleine Kolblock, et leur fils, Pierre Georges, né en 1890. Ce n'est qu'à la mort de l'artiste, très secret sur sa vie privée, que ses amis les plus proches apprennent sa liaison et l'existence de son fils.

L'été de la même année, en 1890, Seurat réside à Gravelines, dans le Nord-Pas-de-Calais, où il réalise avec une grande économie de moyens ses paysages les plus abstraits tels que *Le Chenal de Gravelines, Petit-Fort-Philippe* ou encore *Le Chenal de Gravelines, un soir*. De retour à Paris, il entame *Le Cirque*, sa dernière composition. L'œuvre est inachevée pour le septième Salon des indépendants, mais l'artiste la juge suffisamment avancée pour être exposée en mars 1891. Pendant l'accrochage des œuvres au Salon, il contracte un refroidissement, mais n'y prête pas attention. Quelques jours plus tard, le 29 mars 1891, pris d'un brusque accès de fièvre, il décède inopinément. L'angine infectieuse qui l'a brutalement emporté se communique à son fils, qui meurt à son tour deux semaines après lui. Au Salon des indépendants, *Le Cirque* est alors voilé d'un crêpe noir, en signe de deuil.

CARACTÉRISTIQUES

UNE PRODUCTION INTENSE ET DIVERSIFIÉE

En seulement huit ans de carrière, Seurat réalise six grandes compositions, 44 esquisses à l'huile sur toile, environ 150 petits tableaux (des croquetons pour la plupart) et plus de 250 dessins. Artiste prolifique, il peint aussi bien le jour que la nuit. On raconte d'ailleurs qu'il connaît tellement bien le cercle chromatique qu'il est capable de travailler dans le noir, en plaçant ses points de couleur les uns à côté des autres de mémoire.

Trois grandes étapes peuvent être distinguées dans sa production artistique :

tout d'abord, à partir de 1880, l'artiste étudie le clair-obscur et l'opposition entre le noir et le blanc en réalisant des dessins au crayon Conté gras sur du papier vergé (sur lequel on aperçoit de fines lignes horizontales) rugueux ;

ensuite, dès 1882, il travaille directement d'après nature et exécute des peintures à l'huile sur de petits panneaux de bois (croquetons). Plusieurs traits stylistiques de Seurat sont alors définis, à savoir la géométrisation des formes, l'abandon de la perspective traditionnelle, le refus de l'expressivité, la négligence de l'anatomie et l'importance de la composition et du cadrage ;

enfin, à partir de 1883, il retourne en atelier où il réalise de grandes compositions synthétiques comprenant des figures humaines. Ces œuvres se caractérisent par leur format monumental – pourtant typique de la peinture académique – et mettent en scène parfois plus de 50 personnages. Cette prédilection de l'artiste pour les grands formats pourrait s'expliquer comme un moyen de légitimer, par le biais d'un certain retour à la tradition, ses conceptions novatrices.

UNE DÉMARCHE POSITIVISTE

Seurat s'inspire largement des impressionnistes, tant du point de vue des thèmes que des procédés picturaux. Mais plutôt que de les copier servilement, l'artiste cherche à les dépasser afin de renouveler ce mouvement. Ainsi, comme les impressionnistes, il recourt au principe du mélange optique, qui veut que le mélange des couleurs, appliquées par petites touches, ne s'effectue ni sur la palette ni sur la toile, mais à distance, sur la rétine du spectateur. Toutefois, alors que ses prédécesseurs utilisent ce principe technique de manière assez intuitive, Seurat et les néo-impressionnistes procèdent à sa systématisation : il s'agit du chromo-luminarisme ou divisionnisme. Cette technique consiste à décomposer la touche en deux couleurs pures opposées (dites complémentaires) qui interagissent et font ainsi naître le dessin. En effet, sur la base du cercle chromatique élaboré par Charles Henry (1859-1926), en prenant des teintes complémentaires, on obtient des contrastes forts qui semblent augmenter leur intensité. Les touches de couleur tendant progressivement vers le point, de forme et de taille toujours identiques, cette technique picturale évolue vers ce qu'on appelle le pointillisme, un terme pourtant réfuté par Seurat.

Mais loin de se concentrer uniquement sur le contrôle des couleurs, Seurat s'intéresse également à l'harmonisation des lignes dynamiques, qui expriment des sentiments : tombantes et tristes ou ascendantes et gaies. Contrairement aux impressionnistes, qui dissolvent les contours, Seurat réaffirme, dans le sillon du peintre Jean-Auguste Dominique Ingres, l'importance du dessin et la clarté de la ligne, produisant ainsi l'illusion du mouvement.

Toutes ses recherches témoignent d'une aspiration à la perfection que Seurat nourrit d'une étude continue de la peinture. Sa quête de l'encadrement adéquat illustre particulièrement bien son désir d'idéal : en effet, au cadre blanc, typique des impressionnistes, Seurat substitue le cadre peint, qui donnera lieu à de multiples expérimentations. Par ailleurs, chaque œuvre est précédée de très nombreux dessins préparatoires. Enfin, la technique pointilliste que Seurat applique avec une extrême rigueur demande non seulement de très longs délais de réalisation, mais ceux-ci peuvent encore être prolongés en raison des innombrables repentirs et corrections du peintre sur des tableaux parfois déjà terminés.

UN PAYSAGISTE DE LA VIE URBAINE, MARINE ET RURALE

Quel que soit leur sujet, toutes les œuvres de Seurat, et des impressionnistes en général, ont en commun de traduire l'essence du cadre ou des personnages représentés plutôt que de se contenter de dépeindre le réel. Quant aux thèmes des néo-impressionnistes, ils sont également similaires à ceux des impressionnistes. En tant que peintre de la modernité, Seurat rejette la peinture d'histoire au profit de scènes contemporaines. Ainsi, il représente dans ses œuvres le monde de la bourgeoisie urbaine, parisienne, dont il fait partie, ou les distractions des milieux populaires qu'il côtoie quotidiennement. À cet égard, il est fortement influencé par les affiches du peintre et lithographe Jules Chéret (1836-1932), traditionnellement considéré comme le père de l'affiche moderne.

Les marines, souvent inspirées de la mer du Nord, constituent une part importante de la production de l'artiste. En effet, selon son programme artistique, Seurat préfère réaliser chaque année « une grande toile d'hiver, une toile de recherches et si possible de conquête », et aller l'été au bord de la mer, « se laver l'œil des jours d'atelier » (GRENIET (Catherine), *Seurat. Catalogue complet des peintures*, Paris, Bordas, 1991).

Enfin, malgré son ascendance familiale bourgeoise, Seurat s'intéresse également au début de sa carrière à la vie et au labeur des couches inférieures de la société telles que les paysans, les bûcherons et les terrassiers. Il emprunte alors ses thèmes à l'école de Barbizon, notamment au peintre réaliste Jean-François Millet (1814-1875).

L'ÉCOLE DE BARBIZON

L'école de Barbizon désigne un groupe de paysagistes peignant la nature directement sur le vif entre 1830 et 1860. Leur nom provient du petit hameau où ces peintres se rassemblent, à la lisière de la forêt de Fontainebleau.

UNE BAIGNADE, ASNIÈRES

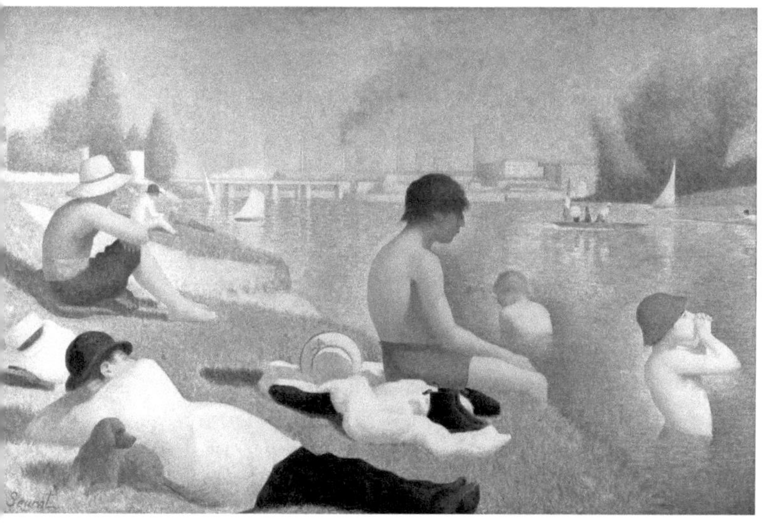

Une baignade, Asnières, 1883-1884, huile sur toile, 201 x 301 cm, Londres, National Gallery.

Une baignade, Asnières est la première des six grandes compositions peintes par Georges Seurat. L'artiste entame cette toile en 1883 et la présente au Salon officiel la même année, mais elle est refusée. L'œuvre est alors exposée au Salon des indépendants de 1884 où, malgré son mauvais emplacement, elle fait sensation auprès de certains critiques. En effet, le tableau est novateur tant par rapport aux œuvres du Salon officiel que par rapport à celles des impressionnistes. Bien que Seurat n'y affirme pas pleinement sa nouvelle technique divisionniste, *Une baignade, Asnières* n'en inaugure pas moins le néo-impressionnisme. Dans cette œuvre, l'artiste juxtapose des nuances proches, mais il n'utilise pas encore le principe de la division en couleurs complémentaires. Les passages en pointillés sont, quant à eux, ajoutés en 1887.

Inspirée d'un sujet de la vie quotidienne, cette toile met en scène des jeunes gens se divertissant au bord de la Seine à Asnières, une banlieue industrielle à l'ouest de Paris. Les personnages sont tous représentés de profil. Certains, vêtus, sont allongés ou assis sur l'herbe alors que d'autres, plus jeunes et en maillot, barbotent dans l'eau. L'un d'eux, les mains en porte-voix, semble pousser un cri. Le personnage central, un jeune homme, est assis sur la berge, les pieds dans l'eau. À l'horizon, au-delà du pont, se dressent les usines fumantes d'Asnières. Les formes sont simples, régulières et finement délimitées par la lumière.

Les étapes de réalisation de cette œuvre de longue haleine sont bien connues : dans un premier temps, pour les personnages, qui sont des modèles croqués sur le vif, Seurat effectue des études au crayon ; ensuite, il réalise des croquis à l'huile, toujours sur place, pour la composition d'ensemble, afin d'enregistrer les effets de lumière ; enfin, la composition peinte est terminée en atelier, Seurat rompant par là avec la méthode de travail des impressionnistes. On possède 14 tableaux et dix dessins préliminaires de la version définitive du tableau retravaillé en 1887.

UN DIMANCHE APRÈS-MIDI À L'ÎLE DE LA GRANDE JATTE

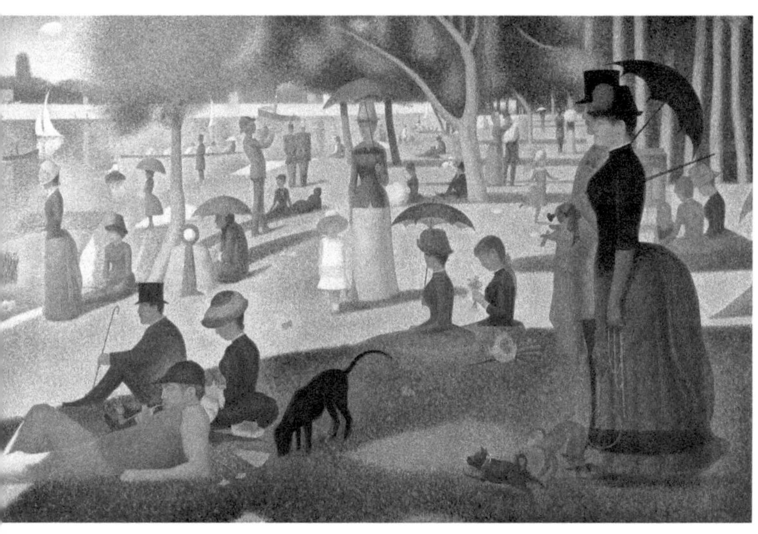

Un dimanche après-midi à l'île de la Grande Jatte, 1884-1885, huile sur toile, 205 x 305 cm, Chicago, Art Institute.

Après deux longues années d'exécution, cette toile aux dimensions monumentales – les personnages au premier plan sont peints grandeur nature – est présentée à la huitième exposition des impressionnistes, mais elle fait l'objet de nombreuses moqueries : on parle de « pluie de confettis », de « fantaisie égyptienne » ou encore de « poupées de bois ». Néanmoins, *Un dimanche après-midi à l'île de la Grande Jatte* consacre la célébrité de Seurat et apparaît comme le manifeste du néo-impressionnisme. En effet, il s'agit de la première œuvre peinte selon le principe du divisionnisme. D'ailleurs, pour cette toile, Seurat fait usage de nouvelles laques colorées permettant des couleurs artificielles plus vives et plus lumineuses, mais qui présentent l'inconvénient de se détériorer rapidement. Aussi le semis de petites touches qui devait éclaircir *Un dimanche après-midi à l'île de la Grande Jatte* est-il aujourd'hui devenu foncé.

La Grande Jatte est une île de la Seine, longue et étroite, à l'ouest
de Paris, à mi-chemin entre la banlieue aisée de Neuilly et la banlieue ouvrière de Levallois-Perret. Il s'agit d'un lieu de promenade,
de canotage et de pique-nique où les différentes classes sociales
se côtoient, comme dépeint dans l'œuvre. La toile met en scène
de façon très équilibrée 40 personnages de différentes origines en
train de se divertir sur l'île de la Grande Jatte lors d'une journée
ensoleillée : certains se promènent ou jouent alors que d'autres se
reposent. Les animaux symbolisent également la diversité sociale :
tandis que le petit chien à l'avant-plan représente la bourgeoisie,
le grand chien noir fait référence à la classe ouvrière. Canots et
bateaux à voiles sont visibles au loin. La majorité des personnages
sont tournés vers la gauche, observant une partie du paysage qui
échappe au spectateur.

Les personnages, réduits à des types sociaux, sont figurés selon des
poses hiératiques de profil, de face ou de dos. Leur raideur, couplée
au sentiment d'un espace vide ponctué par les volumes des corps,
renforce leur isolement les uns par rapport aux autres. L'artiste
veut ainsi signifier l'absence de communication entre les différentes
classes. L'œuvre, représentant une scène dominicale de loisir, *a priori*
idyllique, mais viciée par le caractère artificiel de la société suggérée
par l'hiératisme des figures, apparaît donc paradoxale. Félix Fénéon
qualifie cette toile de « Puvis modernisant », et il est vrai qu'elle
présente plusieurs points communs avec la production de Pierre Puvis
de Chavannes (1824-1898) : ses dimensions, la rigueur et la solennité
de sa composition, ainsi que la catégorisation des personnages en
types sociaux.

Quelques temps après avoir achevé *Un dimanche après-midi à l'île de
la Grande Jatte*, Seurat reprend son tableau et s'y attèle à nouveau
durant sept mois. En outre, en 1889, il ajoute un liseré intermédiaire
pointillé entre la toile et le cadre.

LES POSEUSES

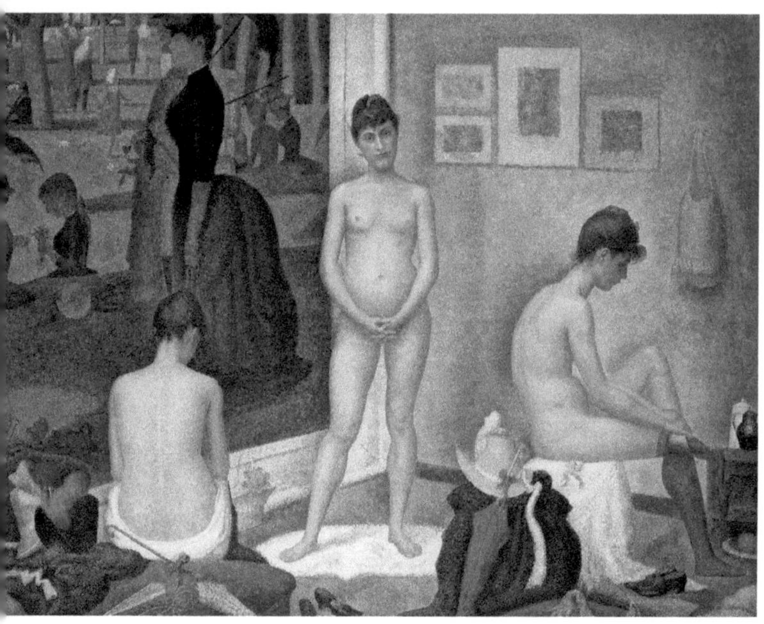

Les Poseuses, 1886-1888, huile sur toile, 200 x 250 cm, Merion, Barnes Foundation.

Il s'agit de la troisième des six grandes compositions effectuées par Seurat. L'artiste peint cette toile à partir de 1886, dès son retour de Bruxelles où il vient d'exposer *Un dimanche après-midi à l'île de la Grande Jatte*. Il transpose alors les techniques picturales développées dans cette dernière composition aux *Poseuses*, renouvelant ainsi le thème de la nudité dans l'art occidental.

Le tableau représente un même modèle féminin nu, grandeur nature, dans trois poses différentes : la jeune femme, probablement issue de la classe ouvrière, est figurée de dos à gauche de la composition, de face au centre et de profil à droite. La scène prend place dans l'atelier du peintre lui-même. Quatre études de

Seurat, encadrées de blanc, sont accrochées sur le mur de droite tandis que le mur de gauche est orné d'*Un dimanche après-midi à l'île de la Grande Jatte*.

L'œuvre est simple et parfaitement ordonnée : chacune des poseuses est placée sur un axe divisant la composition en trois parties égales. Les trois figures sont étudiées de manière isolée et semblent ponctuées de références à l'art classique. La poseuse de dos, enveloppée d'un linge blanc, évoquerait *La Baigneuse de Valpinçon* (1808) de Jean Auguste Dominique Ingres. La distorsion du déhanché de la poseuse de face rappellerait, de manière générale, le *contrapposto* gréco-romain où l'une des deux jambes porte le poids du corps, l'autre jambe étant légèrement fléchie. Mais, plus précisément, cette pose déhanchée combinée au sexe caché pourrait faire référence au type statuaire d'Aphrodite pudique (bien que la poitrine de la poseuse soit entièrement découverte). Enfin, la pose de la troisième femme semble librement inspirée de celle du *Tireur d'épine* (*spinario*), type statuaire romain devenu une référence pour de nombreux artistes, et dont l'exemplaire le plus connu date du Ier siècle av. J.-C. Toutefois, dans son tableau, Seurat substitue une jeune femme au garçon de la statuaire, et plutôt que d'enlever une épine de son pied, la poseuse est en train d'enfiler sa chaussette.

PORT-EN-BESSIN, AVANT-PORT, MARÉE HAUTE

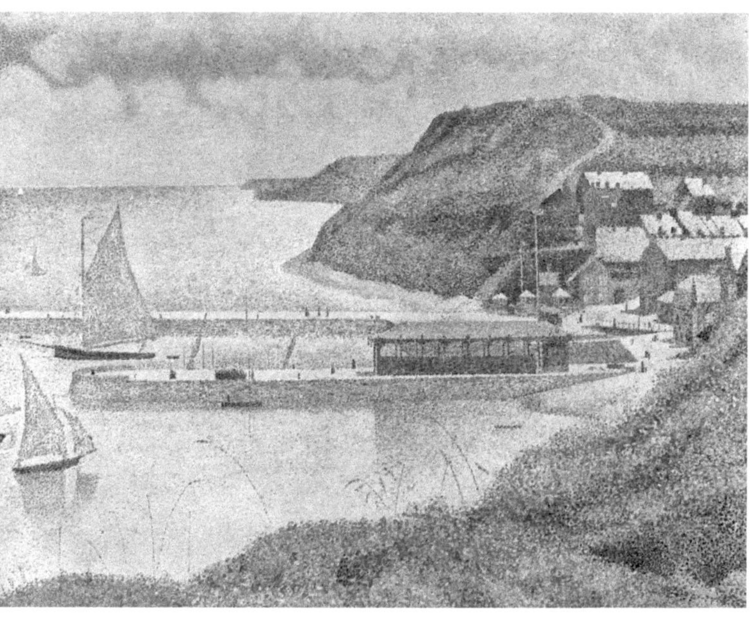

Port-en-Bessin, avant-port, marée haute, 1888, huile sur toile, 67 x 82 cm, Paris, musée d'Orsay.

Cette toile fait partie des six marines réalisées par Seurat lors de sa retraite estivale à Port-en-Bessin, au nord de Bayeux, sur la côte normande, en 1888. L'endroit lui est recommandé par son ami, le peintre Paul Signac, qui y a lui-même séjourné en 1882. Avec ces marines, Seurat prolonge la tradition des impressionnistes qui, depuis 1870, s'intéressent beaucoup à la côte normande en raison de sa proximité de Paris, mais également pour sa lumière neutre.

Ce tableau représente une vue de l'avant-port de Port-en-Bessin, prise depuis le sommet de la falaise de Huppain, tandis que la falaise se dressant derrière le port est celle du Castel.

La composition d'ensemble est à la fois géométrique et asymétrique. En effet, aux diagonales formées par les falaises s'opposent les horizontales des jetées et de la ligne de la mer. Les bateaux à voile serpentant dans le port permettent de contrebalancer cette rigidité géométrique. De même, au premier plan les herbes folles introduisent une touche de désordre dans le paysage désert et figé. La ligne de découpe de ce promontoire, très sinueuse, confirme l'intérêt naissant du peintre pour l'arabesque, héritage du néoclassicisme d'Ingres. Cette toile est réalisée sans le moindre dessin préparatoire et présente pourtant un subtil scintillement lumineux obtenu grâce à l'application de la technique chromo-luminariste.

LE CHAHUT

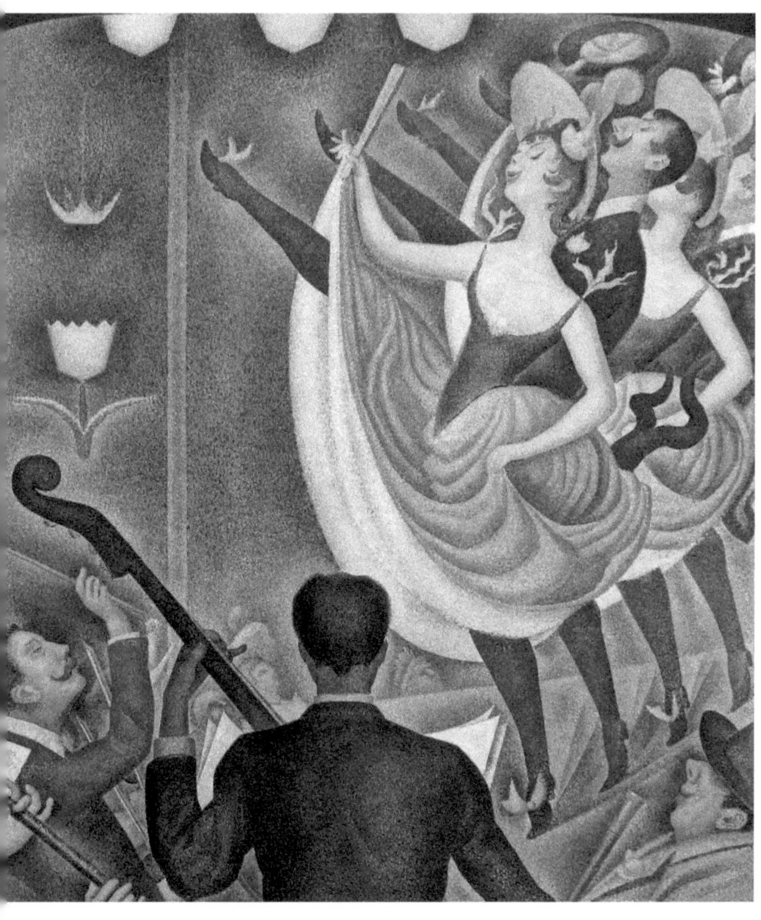

Le Chahut, 1890, huile sur toile, 171 x 140 cm, Otterlo, Rijksmuseum Kröller-Müller.

eurat entreprend la réalisation de cette toile après son séjour au Crotoy, ville portuaire dans la baie de Somme, au printemps 1889. Depuis leur floraison dans les années 1860, les cafés-concerts n'ont de cesse d'alimenter les débats quant aux valeurs qu'ils véhiculent. En 1890, ils deviennent pourtant les principaux lieux de

divertissement populaire à Paris, attirant tant les classes moyennes
que les classes inférieures. De manière générale, cet essor de la
culture populaire influence fortement Seurat dans ses dernières
productions artistiques. Le sujet de cette toile serait ainsi inspiré
du dernier acte d'un spectacle présenté au café-concert *Le Divan
japonais* à Montmartre. Exposée au Salon des indépendants en
1890, l'œuvre, déconcertante, est mal reçue, même par les amis
de l'artiste.

Seurat met en scène deux hommes et deux femmes dansant
le chahut sur scène. Le peintre figure ici le climax de la choré-
graphie, lorsque les danseurs forment une ligne de front face
au public et font le « coup de pied à la lune », un grand écart
debout. Le geste sec se répète en perspective. La jambe levée
de la danseuse à l'avant-plan encadre l'orchestre, composé d'un
bassiste vu de dos, d'un flûtiste dont seuls l'instrument et les
mains sont peints dans le coin inférieur gauche de la composition,
et d'un chef d'orchestre représenté de profil droit. Les spectateurs, assis dans le parterre, forment une masse anonyme et
floue, à l'exception de l'admirateur peint dans le coin inférieur
droit. Ce dernier est vêtu d'un imperméable et coiffé d'un cha-
peau pour rester dans l'anonymat.

Du point de vue spatial, il s'agit de la composition la plus complexe de Seurat. Le tableau est rythmé par une succession de
diagonales parallèles représentant les jambes des danseuses au-
dessus d'une ligne horizontale délimitée par la scène et le public.
Les lignes ascendantes concourent à restituer l'atmosphère gaie et
animée des cafés-concerts à cette époque. Toutefois, une certaine
ironie se dégage de la composition, *a priori* joyeuse, en raison de
ses couleurs froides, de la solitude des danseurs (traités individuel-
lement comme des automates), de l'anonymat des spectateurs se
fondant dans la foule et de l'accentuation caricaturale des traits

des visages. La vulgarité du voyeur, dont la laideur contraste avec la beauté des danseuses, participe également au sentiment de parodie. Ce spectateur, incarnant la totalité de la foule par son individualisation unique, évoque l'attirance sexuelle engendrée par de telles performances, ce qui a conduit certains critiques à juger l'œuvre immorale. En réalité, avec cette œuvre, l'artiste dénonce les dérives de la culture de masse, notamment le comportement voyeuriste des spectateurs et leur délectation pour les plaisirs dégradants, voire obscènes.

LE CHAHUT

Le chahut est une danse excentrique, voisine du cancan, inventée à Paris dans les années 1830. Ses figures, comprenant des sauts allant jusqu'au grand écart, s'accompagnent souvent de cris et de rires. Cette danse, considérée comme dépravée, n'est pratiquée que dans les bals populaires et les ginguettes.

LE CIRQUE

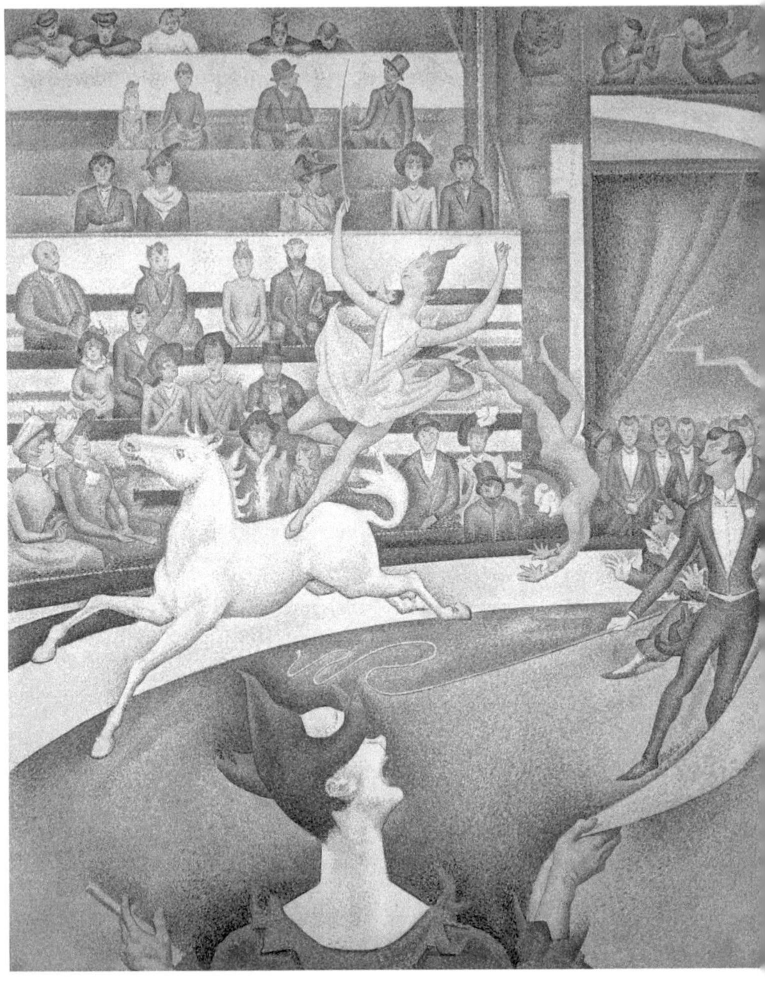

Le Cirque, 1890-1891, huile sur toile, 185 x 152 cm, Paris, musée d'Orsa✦

Cette toile est la dernière œuvre peinte par Seurat avant sa mort
Bien qu'inachevée, elle est exposée au septième Salon des indé
pendants où elle fait l'objet de vives critiques. Clôturant le cycle
artistique consacré aux attractions populaires de la ville moderne

elle illustre le thème du cirque – déjà traité par les impressionnistes dans les années 1880 –, dont la fréquence et la popularité ne cessent d'augmenter à la fin du XIXe siècle. *Le Cirque* est considéré comme l'œuvre testamentaire du pointillisme de Seurat.

Un cas de plagiat ?

Seurat est accusé de plagiat pour la forte ressemblance entre la figure de l'acrobate sur son cheval et celle de l'affiche dessinée en 1880 par Jules Chéret pour le *Spectacle promenade de l'horloge* aux Champs-Élysées. En outre, *Le Cirque* présente des analogies avec une affiche anonyme de 1888, conçue pour le Nouveau Cirque.

La scène prend place dans l'arène du cirque Fernando à Montmartre. La composition est divisée en deux parties : la piste et les gradins, où les spectateurs sont disposés en trois groupes selon le prix de leur billet et, implicitement, selon leur classe sociale, suggérée par leurs vêtements. Au-dessus de l'entrée et à droite de la composition, l'orchestre accompagne en musique la performance des artistes. Sous les feux de la piste évoluent une acrobate sur un cheval blanc suivi d'un acrobate en vol. Un dompteur muni de son fouet est singé par un clown figuré derrière lui. Enfin, un autre clown, représenté de dos au premier plan, semble superviser la scène.

Avec cette œuvre, le peintre ambitionne de réaliser une symbiose entre la création artistique et l'analyse scientifique. Il en résulte une composition très complexe. Son organisation est basée sur le nombre d'or et, afin de traduire le mouvement à l'avant-plan de la piste, Seurat use de nombreuses arabesques stylisées et autres spirales contrastant avec les lignes rigoureusement géométriques des personnages sur les gradins, pour mieux souligner leur immobilité. Les lignes ascendantes de la composition reflètent la gaieté des jeux du cirque, de même que les couleurs : le blanc lumineux domine la toile à côté des trois couleurs primaires (le rouge, le jaune et le

bleu), participant ainsi à la création d'une atmosphère enjouée et
chaleureuse. Toutefois, tout comme *Le Chahut*, *Le Cirque* semble
également renfermer une critique implicite de la société moderne.
En effet, en plongeant les spectateurs, par ailleurs réduits à des types
sociaux caricaturaux, dans la passivité statique, Seurat dénoncerait le
caractère illusoire de la joie procurée par ce type de divertissement.

GEORGES SEURAT, UNE SOURCE D'INSPIRATION

À la mort soudaine de Seurat en 1891, de nombreuses rétrospectives sont organisées en hommage à « ce messie d'un art nouveau » (selon la revue l'*Art moderne*), non seulement en France, mais également à Bruxelles, à l'initiative du groupe des XX en 1892. Le néo-impressionnisme poursuit ainsi sa diffusion en Belgique, aux Pays-Bas, en Allemagne et même en Finlande, évoluant très rapidement avec les successeurs de Seurat, dont Paul Signac. Ce dernier apporte un accent nouveau au mouvement en privilégiant l'expression de la couleur pure sur le dessin. Il procède à un dépouillement de la palette de couleurs néo-impressionniste en déclinant les tons vers le blanc afin d'illuminer ses œuvres. Signac assigne à la couleur une valeur de plus en plus ornementale tout en respectant le jeu de la complémentarité adopté par Seurat. Son œuvre se veut plus spontanée et plus intuitive que celle de son défunt ami.

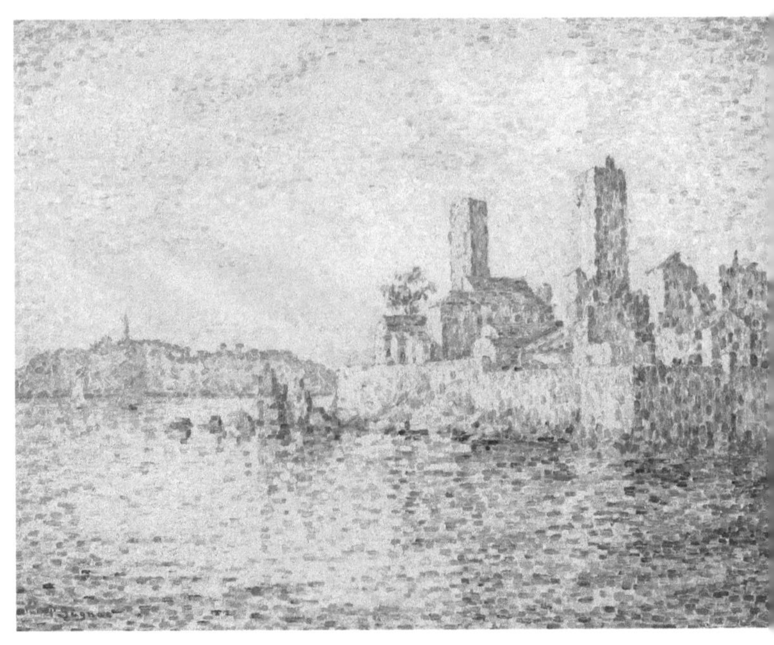

SIGNAC (Paul), *Antibes. Les tours*, 1911, huile sur toile, 66 x 82,3 cm
palais Albertina, Vienne.

Néanmoins, l'œuvre de Seurat, en expérimentant des solutions nouvelles pour le dessin et pour la distribution des couleurs, influence
fortement les avant-gardes du XXe siècle. Plus précisément, en libérant la couleur par rapport à la représentation, l'artiste contribue au
rejet de la figuration et ouvre les portes de l'abstraction, prônée par
de nombreux artistes novateurs du début du XXe siècle. Ces derniers
s'inspirent librement du néo-impressionnisme et l'utilisent comme
un tremplin vers d'autres modes d'expression artistique.

C'est notamment le cas du peintre Wassily Kandinsky (1866-1944),
considéré comme le père de l'art abstrait. Après avoir suivi la tendance impressionniste au tout début de sa carrière, l'artiste se tourne
vers le néo-impressionnisme. *La Vie mélangée*, peinte en 1907, atteste
notamment de l'usage de la technique pointilliste : les couleurs

sont juxtaposées sous forme de petites touches, ici délibérément grossières. Autre fondateur de l'art abstrait ayant également eu une phase néo-impressionniste au cours de sa carrière artistique : Piet Mondrian (1872-1944), dont *Molen bij zonlicht* (1908) fait preuve d'un pseudo pointillisme grossier.

Les expériences colorées néo-impressionnistes enrichissement également le fauvisme, un mouvement pictural français qui s'épanouit entre 1905 et 1907 et se caractérise notamment par l'exaltation des couleurs. Dans *Luxe, calme et volupté* (1904), Henri Matisse (1869-1954), considéré comme le chef de file de ce mouvement, s'inspire de la technique divisionniste. Sa composition est organisée selon les lois du nombre d'or et la touche pointillée prend une valeur décorative. Cependant, si l'artiste est influencé par les théories de Seurat, contrairement à ce dernier, il n'applique pas de très fines touches de couleurs pures qui viendraient, comme le préconise la doctrine divisionniste, recouvrir l'ensemble de la toile, mais de larges touches rectangulaires. Quant à George Braque (1882-1963), un des derniers fauves, également artiste cubiste, il est surtout intéressé par la géométrie dans les œuvres de Seurat. La géométrisation des formes est, en effet, une caractéristique majeure du cubisme, mouvement artistique qui s'épanouit entre 1911 et la Première Guerre mondiale.

EN RÉSUMÉ

- Georges Seurat, né en 1859, se détache rapidement de l'acadé-
misme traditionnel pour suivre sa propre voie. Malgré la brièveté
de sa carrière, c'est un artiste particulièrement prolifique dont
les thèmes privilégiés s'étendent de la vie urbaine aux marines,
en passant par le travail des paysans et des artisans.

- Si *Un dimanche après-midi à l'île de la Grande Jatte* (1884-1885) crée
le scandale, cette œuvre inaugure également un nouveau mouvement dont Seurat devient le chef de file : le néo-impressionnisme,
qui entend renouveler et dépasser l'impressionnisme.

- Il s'agit de la première œuvre peinte selon le principe du divisionnisme mis au point par Seurat. Appliquant rigoureusement
la théorie du contraste simultané des couleurs et la technique de
la division de la touche, il décompose sa touche en deux couleurs
pures et complémentaires qui interagissent. Cette technique picturale évolue vers le pointillisme, un terme faisant référence à la
taille des points de couleurs juxtaposés.

- Mais loin de se concentrer uniquement sur le contrôle des couleurs, Seurat réaffirme également l'importance du dessin et le
pouvoir expressif des lignes. Ses recherches témoignent d'une
incessante aspiration à la perfection que l'artiste nourrit d'une
étude continue de la peinture.

- À sa mort brutale en 1891, son ami et successeur, Paul Signac,
apporte un accent nouveau au mouvement néo-impressionniste
en privilégiant l'expression de la couleur pure sur le dessin.

- L'œuvre de Seurat influence fortement les avant-gardes du
XXᵉ siècle. Plus précisément, en libérant la couleur par rapport à
la représentation, le néo-impressionnisme contribue au rejet de
la figuration et ouvre ainsi les portes de l'abstraction, prônée par
de nombreux artistes novateurs du début du XXᵉ siècle.

POUR ALLER PLUS LOIN

SOURCES BIBLIOGRAPHIQUES

- BERTOLINO (Giorgina), *Comment identifier les mouvements artistiques de l'impressionnisme à l'art déco*, Paris, Hazan, 2009.
- CABANNE (Pierre), *Histoire de l'art du Moyen Âge à nos jours*, Paris, Larousse, 2006.
- CAHN (Isabelle), LOBSTEIN (Dominique) et WAT (Pierre), *Chronologie de l'art du XIXᵉ siècle*, Paris, Flammarion, 2008.
- « Conférence sur Georges Pierre Seurat », in *JP Seurat Expert*, consulté le 05/10/2014.
  http://www.seuratexpert.com/pconference2.htm
- COUSTURIER (Lucie), *Georges Seurat (1859-1891)*, New York, Parkstone Press International, 2013.
- CREPALDI (Gabriele), *L'Art au XIXᵉ siècle*, Paris, Hazan, 2005.
- DRAGUET (Michel), *Signac, Seurat. Le néo-impressionnisme*, Paris, Hazan, 2001.
- EISENMAN (Stephen F.), *Nineteenth Century Art. A Critical History*, Londres, Thames & Hudson, 1994.
- FERRIER (Jean-Louis), *L'Aventure de l'art au XIXᵉ siècle*, Paris, Chêne/Hachette, 1991.
- FRIDE-CARRASSAT (Patricia) et MARCADÉ (Isabelle), *Les Mouvements dans la peinture*, Paris, Larousse, 2008.
- « Georges Seurat », in *Larousse*, consulté le 29/09/2014.
  http://www.larousse.fr/encyclopedie/personnage/Georges_Seurat/138793
- « Georges Seurat. Port-en-Bessin, marée haute », in *Musée d'Orsay*, consulté le 08/10/2014.

http://www.musee-orsay.fr/fr/collections/oeuvres-commentees/
recherche/commentaire/commentaire_id/port-en-bessin-maree-
haute-8850.html?no_cache=1
- GOMBRICH (Sir Ersnt), *Histoire de l'art*, Paris, Phaidon, 2001.
- GRENIER (Catherine), *Seurat. Catalogue complet*, Paris, Bordas, 1991.
- « Le Chahut », in *Artlabe*, consulté le 08/10/2014.
  http://www.artble.com/artists/georges_seurat/paintings/la_chahut
- « Le cirque, spectacle populaire », in *Réunion des musées nationaux – Grand Palais*, consulté le 05/10/2014.
  http://www.histoire-image.org/site/oeuvre/analyse.php?i=186
- « Le néo-impressionnisme, de Seurat à Paul Klee », in *Musée
  d'Orsay*, consulté le 05/10/2014.
  http://www.musee-orsay.fr/fr/evenements/expositions/archives/
  presentation-detaillee/browse/7/article/le-neo-impressionnisme-
  de-seurat-a-paul-klee-4223.html?S=0&tx_ttnews%5BbackPid%
  5D=258&cHash=687d851cab&print=1&no_cache=1&
- MONNERET (Sophie), *L'Impressionnisme et son époque. U à Z
  Noms communs. L'Impressionnisme à l'étranger*, tome 3, Paris,
  Denoël, 1980.
- « Qu'est-ce que la modernité », in *PhiloLog*, consulté le 29/09/2014.
  http://www.philolog.fr/quest-ce-que-la-modernite/
- REWALD (John), *Seurat*, Paris, Flammarion, 1990.
- RUSSEL (John), *Seurat*, Londres, Thames & Hudson, 2000.
- « The Circus », in *Artlabe*, consulté le 08/10/2014.
  http://www.artble.com/artists/georges_seurat/paintings/
  the_circus
- THOMSON (Richard), *Seurat*, Phaidon, Oxford, 1985.

SOURCES ICONOGRAPHIQUES

- SEURAT (Georges-Pierre), *Le Chahut*, 1890, huile sur toile,
  171 x 140 cm, Otterlo, Rijksmuseum Kröller-Müller. La photo reproduite est réputée libre de droits.

SEURAT (Georges-Pierre), *Le Cirque*, 1890-1891, huile sur toile, 185 x 152 cm, Paris, musée d'Orsay. La photo reproduite est réputée libre de droits.

SEURAT (Georges-Pierre), *Les Poseuses*, 1886-1888, huile sur toile, 200 x 250 cm, Merion, Barnes Foundation. La photo reproduite est réputée libre de droits.

SEURAT (Georges-Pierre), *Port-en-Bessin, avant-port, marée haute*, 1888, huile sur toile, 67 x 82 cm, Paris, musée d'Orsay. La photo reproduite est réputée libre de droits.

SEURAT (Georges-Pierre), *Une baignade, Asnières*, 1883-1884, huile sur toile, 201 x 301 cm, Londres, National Gallery. La photo reproduite est réputée libre de droits.

SEURAT (Georges-Pierre), *Un dimanche après-midi à l'île de la Grande Jatte*, 1884-1885, huile sur toile, 205 x 305 cm, Chicago, Art Institute. La photo reproduite est réputée libre de droits.

SIGNAC (Paul), *Antibes. Les tours*, 1911, huile sur toile, 66 x 82,3 cm, palais Albertina, Vienne. La photo reproduite est réputée libre de droits.

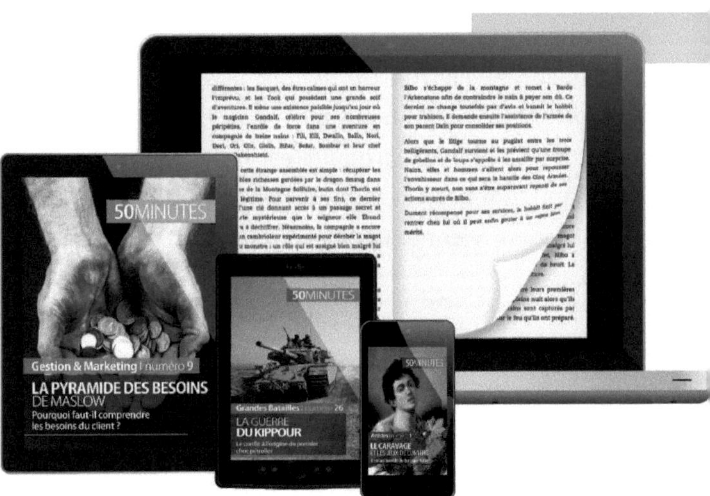

50MINUTES
Art & Littérature
Business & Econo
Histoire & Sociét
50MINUTES
Gestion & Marketing | numéro 9
LA PYRAMIDE DES BESOINS DE MASLOW
Pourquoi faut-il comprendre les besoins du client ?
50MINUTES
Grandes Batailles 26
LA GUERRE DU KIPPOUR
50MINUTES
LE CARAVAGE

www.50minutes.com

Éditeur responsable : Lemaitre Publishing
Rue Lemaitre 4 | BE-5000 Namur
info@lemaitre-editions.com

ISBN ebook : 978-2-8062-5810-6
ISBN papier : 978-2-8062-5811-3
Dépôt légal : D/2015/12603/3
Photo de couverture : © *Un dimanche après-midi à l'île de la Grande Jatte* (1884-1885), par Georges Seurat (détail).

Conception numérique : Primento,
le partenaire numérique des éditeurs